UN PREMIER MOT

sur

LE PROJET DE LOI

RELATIF AUX ÉLECTIONS.

PARIS,

CHEZ LADVOCAT, LIBRAIRE,

ÉDITEUR DES FASTES DE LA GLOIRE,

PALAIS-ROYAL, GALERIE DE ROIS, N. 197 ET 198.

1820.

UN PREMIER MOT

SUR

LE PROJET DE LOI

RELATIF AUX ÉLECTIONS.

Nous touchons à l'époque où la discussion du nouveau système électoral va s'ouvrir, et jusqu'à présent le ministère ne s'est pas clairement expliqué sur la raison pour laquelle il abandonne l'ancien, ni sur le résultat qu'il attend de celui qu'il veut lui substituer ; il est cependant une condition première qu'il faut remplir dans toutes les entreprises humaines, c'est de savoir en même temps et ce que l'on veut et ce que l'on ne veut pas ; ce qui est vrai dans un sens général de toutes choses, acquiert encore plus d'importance quand c'est d'élections qu'il s'agit. Il serait difficile de croire que le gouvernement ne fût pas guidé dans ses projets par le désir d'être approuvé au moins de ceux qu'il regarde comme ses amis; et comment peut-il compter sur leurs suffrages, s'il ne leur dit pas que c'est eux qu'il souhaite de faire élire par la loi nouvelle ? Pour que les chefs soient bien secondés par leurs adhérens, il faut que le but soit avoué, sans quoi il y a de l'hésitation dans l'attaque, et de la désunion parmi les soldats. On peut donc s'étonner que nous n'ayons vu nulle part un indice suffisant de la volonté qu'ont eue sans doute les auteurs du projet en méditant ses dispositions ; lors même que leur intérêt ne leur en aurait pas prescrit l'obligation, le penchant naturel qui caractérise les partis devait les y porter ; on les voit rarement avouer le point de mire de leurs vues et de leurs espérances ; non-seulement celles-ci se trouvent opposées, mais encore elles sont secrètes, et tellement secrètes, qu'elles agissent quelquefois à l'insu de ceux qui croient échapper à leur influence. Si la discussion n'était en quelque sorte le principe du gouvernement qui nous régit, il est présumable qu'on chercherait à l'éviter, car la logique est la plus faible de toutes les armes, quand certains intérêts personnels sont mis en jeu. Il arrivera donc que l'échange des discours entre le côté droit et le côté gauche sera peut-être consommé avant que le point décisif du grand procès qui va se vider ait été approfondi. Les uns s'épuiseront à prouver que le projet nouveau est vicieux parce qu'il est favorable aux intérêts de la minorité ; leur peine sera superflue, puisqu'ils auront fortifié ceux qui se sentent les moins nombreux dans l'opinion qu'elle leur est bonne et utile. En revanche, les défauts que ceux-ci attaquent dans l'ancien mode d'élection ne frapperont guère les députés qui s'en sont servis pour se faire élire ;

et, comme il n'y a pas encore une loi divine ou humaine qui ait décidé que les prétentions des uns étaient plus légitimes que celles des autres, il arrivera qu'après une longue discussion, chacun gardera sa conviction, et que seulement la divergence des opinions y aura gagné plus de stabilité. Ce n'est pas dans une telle circonstance, et avec des élémens d'une nature aussi inflammable que ceux dont le contact va s'opérer, que la vérité peut se faire jour. Lorsqu'il s'agit de savoir comment et par qui le pouvoir sera exercé, ou en d'autres termes quelle haine aura le mérite de la supériorité, les lois deviennent difficiles à faire ; ce ne sont plus les moyens sur lesquels on se trouve en dissentiment, mais c'est le but lui-même sur lequel les avis sont partagés.

Si j'étais chargé d'interroger à la fois les députés du côté droit et ceux du côté gauche sur le mode d'élection que chacun regarde comme le meilleur, il est probable que je recueillerais des réponses fort différentes, et qu'il régnerait une grande diversité dans les procédés qu'on indiquerait comme les meilleurs ; au fond, chacun s'arrangerait pour trouver des conditions qui le fassent élire ; mais, parmi les bonnes raisons sur lesquelles il s'appuierait, il aurait soin de ne pas dire précisément que celle-là est la principale.

Le ministère, en proposant son projet, a imité la réserve que j'attribue aux députés qui seraient interpellés sur ma question ; il n'a pas voulu dire que l'inconvénient de l'ancienne loi était d'avoir fait entrer dans la chambre MM. tels ou tels ; il n'a pas dit non plus que le problème à résoudre était de renforcer le côté de l'assemblée que la loi du 5 février décime depuis trois sessions ; on ne voit pas davantage qu'il ait multiplié les chances de succès pour les députés qui siégent au centre de la chambre ; soit que l'on étudie le sens des motifs de l'exposé de M. le ministre de l'intérieur ; soit qu'on examine attentivement le travail de l'honorable rapporteur de la commission, on ne distingue pas avec plus de facilité la pensée du ministère. Dans ces deux pièces, qui vont devenir la base fondamentale de la discussion, on sous-entend que la loi du 5 février était mauvaise, ce qui valait au moins la peine d'être expliqué, et on soutient que le nouveau projet est aussi simple dans ses formes que constitutionnel dans son principe, ce qui ne suffit pas tout-à-fait pour en faire apprécier la vertu.

Notre intention n'est pas de traiter, dans ces courtes réflexions, du système entier sur lequel repose le nouveau projet ; nous laisserons les partis en faire apercevoir les inconvéniens, soit par leurs louanges, soit par leurs critiques. Nous ne nous adresserons donc ni à un côté de la chambre, ni à un autre ; notre dessein est différent, et nous ne craignons pas de dire qu'il est entièrement désintéressé. Nous ne pouvons aspirer à l'honneur d'être député, et notre sollicitude ne s'étend pas au-delà de celle d'un citoyen qui aime mieux être soumis au gouvernement du Roi qu'à la puissance d'un parti ; nous croyons que les mêmes vœux, les mêmes sentimens, animent une portion notable de la chambre à laquelle nous croyons devoir nous adresser ; c'est avec elle particulièrement que nous nous proposons d'examiner quels sont les individus qui se trouvent favorisés par les chances du nouveau système ; au point où nous sommes arrivés, il y aurait de la folie à vouloir faire des conversions : on doit se trouver bien heureux lorsqu'on a pu se mettre d'accord, non pas avec ses adversaires, mais seulement avec ses amis.

Je suppose d'abord que ceux auxquels je m'adresse reconnaissent, d'une manière générale, qu'il y a des changemens à faire à la loi du 5 février ; les uns, parce que dans son principe il existe un vice qui favorise avec excès les vues de l'opposition libérale ; les autres, parce que le gouvernement, ayant perdu toute influence par ce mode d'élection, n'a plus la force suffisante pour résister au choc des factions. D'autres examineront sans doute si les moyens qu'on propose pour parvenir à ce changement sont les meilleurs ; quant à moi, je me borne à rechercher au profit de quelle opinion seront faites les élections.

Lors même que le gouvernement représentatif n'existerait que de nom parmi nous, il faudrait encore convenir que les élections doivent se faire dans l'intérêt de la majorité ; elle n'a point encore été calomniée à ce point, que son vœu ait été considéré comme contraire aux intérêts de la dynastie et de la monarchie. La nation, dans son universalité, veut le maintien de ce qui existe, et il faut bien que ce sentiment soit un fait, puisque, malgré les vœux secrets des factieux, ils sont réduits à tenir un langage conforme à cette unanime volonté. Chercher des députés dans les rangs d'une minorité, c'est nier l'évidence de cette religion politique que la France entière professe, et qu'elle manifeste dans toutes les circonstances où ses vœux peuvent être entendus.

La loi du 5 février a été la reconnaissance légale des sentimens qu'on doit attribuer à cette majorité : cent mille propriétaires ont reçu de cette loi l'imposante fonction de fournir annuellement des députés à la France. S'ils ont erré dans l'usage qu'ils ont fait de leur droit, il faut gémir de l'imperfection des institutions humaines; mais il serait peut-être plus sage d'en attribuer la faute au législateur que de la chercher dans les intentions d'une corporation aussi respectable.

En admettant que la loi ait manqué son but, ce n'est pas une raison pour dire qu'il faut chercher ailleurs que dans le vœu de la majorité les garanties que la couronne doit trouver dans les députés que la France lui envoie; et s'il est vrai que l'influence croissanté d'un certain côté de la chambre soit un sujet d'effroi pour les amis de la légitimité, il n'est pas moins vrai de dire que la France a de justes raisons pour redouter l'opinion qui, en 1815, ébranla jusque dans ses fondémens les intérêts acquis par la révolution.

C'est parce que ces deux écueils ont frappé tous

les esprits, qu'à partir du 5 septembre 1816 le gouvernement du Roi a cherché sa force dans le centre de la chambre ; et, aujourd'hui même qu'un des partis dont il a long-temps repoussé les attaques s'est réuni à lui, il semble encore tenir à honneur de s'appuyer plus particulièrement sur ses anciens amis ; il faudrait supposer plus que de l'aveuglement de la part des auteurs du projet, pour croire qu'ils n'ont pas eu en vue de multiplier le nombre de ceux qui, depuis quatre ans, nous préservent de la domination des factions. Un ministère qui tendrait à fermer l'accès de la chambre aux hommes qui se montrent disposés à lui faciliter les moyens de gouverner, serait un phénomène inexplicable dans l'histoire des gouvernemens représentatifs.

Telle n'a pas été sans doute l'intention du ministre ; il reste à examiner si le résultat de son projet sera tel qu'il est en droit de l'espérer : voyons donc si les hommes à opinions modérées obtiendront le suffrage de l'un et de l'autre colléges. La matière est délicate, car il s'agit d'une théorie qui n'a reçu son exécution à aucune autre époque ; elle n'a pour elle ni la puissance de l'expérience, ni celle de l'analogie. Nous allons opposer nos présomptions à d'autres présomptions. A des divisions présumées qui reposent sur certaines classes d'individus, nous appliquerons des combinaisons probables et qui signaleront de sérieux dangers dans la voie où l'on s'engage.

Le projet de loi repose sur ce principe, que la division des électeurs est la condition des meilleurs choix ; cependant il faut remarquer que cette division porte un caractère hiérarchique qui tend à établir qu'il y a une supériorité acquise de la part de certains électeurs, et qu'ils peuvent justement en exercer l'effet sur les autres. On avait d'abord pensé, lorsqu'il fut question de changer la loi actuelle, que l'on pouvait reconnaître entre les électeurs une capacité différente, et répartir entre eux le nombre des députés à élire dans une proportion telle, que l'unité de voix ne fût pas la même pour tous les électeurs ; cette répartition différente d'un droit jusqu'alors uniformément partagé, pouvait blesser ceux qui ne recevaient rien au-delà de ce qu'ils possédaient déjà : toutefois, personne ne pouvait se dire dépouillé, et la seule question à décider consistait à savoir si, en atteignant un certain degré de richesse, un électeur aurait le privilége d'agir deux fois, tandis qu'un autre n'aurait qu'un vote à émettre. L'augmentation du nombre des députés venait, en quelque sorte, réparer l'injustice de cette nouvelle dotation créée en faveur des plus imposés. Aujourd'hui c'est tout autre chose : ce n'est plus un député que l'électeur d'arrondissement peut élire, c'est un candidat ; et, lorsqu'il a profité de l'avantage qu'on lui concède, il appartient à d'autres électeurs de décider s'il a bien ou mal usé de son droit.

Il faut donc conclure du système présenté, que

les moins riches peuvent errer dans l'exercice du droit électoral, et que les plus riches ont qualité pour rectifier leur premier jugement.

On doit en tirer aussi cette autre conséquence, que l'esprit qui animera le collége d'en haut sera différent de celui qui présidera au choix des arrondissemens ; car, s'ils devaient penser de même sur l'espèce de députés qu'il convient de nommer, il n'y aurait aucune nécessité de les faire agir séparément, et de donner aux uns le droit de censurer les actes des autres.

Pour que le nouveau mode électoral remplisse son objet, il faut donc que les choses se passent de telle sorte que la direction des premiers électeurs soit modifiée par la tendance contraire des seconds ; en autres termes, et pour se servir de mots qui rendent les intentions avec clarté, le problème que l'on a voulu résoudre est celui-ci : Faire élire les meilleurs députés possibles, en soumettant à des électeurs royalistes une série de candidats fournis par des électeurs libéraux. Il faut, si l'on veut s'entendre, se servir de ces épithètes ; car la propriété foncière, quelque vertu qu'on lui attribue, ne constitue pas abstractivement une opinion ; elle peut en être l'indice ; mais on n'a pas encore essayé de soutenir qu'elle eût en elle-même d'autres qualités que des qualités matérielles.

Nous commençons à avoir assez d'expérience en politique pour que nous ne nous bercions pas plus long-temps de cette douce idée que la modération et la sagesse des opinions dérivent nécessairement d'une haute cote de contributions ; on aurait beau citer le caractère des opinions qui, dans un certain nombre de départemens, se font remarquer parmi les électeurs les moins riches, on n'en pourra pas conclure que l'énergie des opinions politiques diminue en raison directe de la progression des fortunes. Les partis ont le plus souvent pour chefs de grands propriétaires ou de riches capitalistes ; c'est parmi les uns et les autres que se trouvent les hommes les plus influens ; et qu'est-ce que cette influence, si ce n'est une conviction plus intime de l'excellence de l'opinion qu'on professe ? Le crédit dont jouissent ces hommes leur procure une clientelle d'autant plus nombreuse , qu'ils ont plus de loisir pour s'occuper des affaires publiques. Partout où l'on observe les opinions qui naissent du contact des individus , on remarque que l'esprit de parti s'exalte plus qu'il ne s'abaisse avec les conditions de la fortune ; et que là où l'opinion a un caractère modéré , c'est que la masse des petits propriétaires a fait prédominer ses vues et ses intérêts. Il y a donc lieu de présumer que lorsqu'on veut constituer le vœu électoral en réunissant en petit nombre les plus riches de chaque département, on aura l'expression de l'opinion d'un parti, et non pas celle qui tiendrait à honneur de se dégager de leur influence. Tant que les affaires publiques ne rouleront pas exclusivement sur les limites qu'il convient d'assigner aux recettes et aux dépenses de l'état, la fortune, prise dans un sens absolu, ne sera pas une garantie suffisante dans un électeur ou un député. Il est d'autres intérêts que ceux de l'économie, qui agiront sans cesse dans les matières législatives ; et pour une nation dont les impressions sont aussi irritables, les vertus d'un électeur se composent d'une multitude de qualités dans lesquelles la richesse tient sa place, mais ne domine pas. On répète que ceux qui ont quelque chose à perdre sont plus intéressés que d'autres à nous préserver du fléau de l'anarchie. Cette assertion serait vraie, si on n'était tacitement convaincu, dans chaque parti, que l'ordre et le repos sont la conséquence de la possession du pouvoir : il en résulte que chacun pense avant tout à triompher, parce que le triomphe dans ce sens est la condition de la sûreté. On s'effraie d'une lutte dans laquelle les chances se balancent de part et d'autre ; mais personne ne redoute l'espoir d'une supériorité acquise, bien convaincu que l'on est, qu'on ne négligera pas les moyens de défense lorsqu'on sera une fois maître du terrain.

Notre but n'est pas de passer en revue le caractère moral des diverses contrées de la France, et d'établir, soit par les élections qui ont eu lieu, soit par l'opinion qui prédomine dans les départemens, que la majorité des collèges sera sous l'influence des ultrà-royalistes. Nous ne voulons pas rechercher toutes les données qui peuvent amener la solution d'une question aussi délicate : on ne peut toutefois s'empêcher de reconnaître que les auteurs du projet, et ceux qui le soutiennent le plus vivement, ne nient pas que cette espèce

d'opinion y sera en majorité. On a toujours sou-
tenu, dans tous les écrits où la loi du 5 février a
été attaquée, que les *royalistes* se trouvaient être
le plus grand nombre des propriétaires fonciers,
et que l'économie de la loi les dépossède par le fait
de leurs droits politiques, en les confondant dans
la masse des petits propriétaires. C'est de cette
injustice qu'on a argué quand on en a demandé
le changement; et il serait trop tard pour se con-
tredire sur un point aussi important de la discussion.

En le regardant comme admis, nous avouons
que la pensée des auteurs du projet a été au
moins spécieuse; dans l'impossibilité de réserver
pour les plus imposés seulement le droit d'élire,
on s'efforce de leur confier, par forme de satis-
faction, celui d'épurer les candidats présentés par
des électeurs agissant sous l'influence d'un esprit
démocratique.

La conséquence serait juste si les choses, posées
de la sorte en principe, devaient dans tous les
cas trouver leur application; mais nous ne croyons
pas qu'il en soit ainsi, et il ne sera pas difficile
de prouver que ce qui a été considéré comme la
règle générale ne sera guère qu'une exception à
la loi commune.

Quel est en effet le département où les ultras (il
faut bien appeler les choses par leur nom) n'auront point la prépondérance, au moins dans un
arrondissement? soit que, par l'effet des doubles
emplois, les candidats de la minorité deviennent
ceux du collége, soit que les influences locales

soient plus fortes que les préventions des électeurs, soit enfin que le défaut de sujets propres à
rallier les suffrages forcent la main en quelque
sorte aux membres des petits colléges, il y aura toujours au moins une présentation qui cor-
respondra à l'opinion de la majorité du grand
collége. Nous pourrions citer à cet égard ce qui
s'est passé en 1815 et en 1816; les documens
qu'on recueille sur les élections de ces deux années prouvent qu'il n'est pas un seul département
en France où les choix des arrondissemens aient été
de nature homogène. Les candidats ont participé
de la nature des divers partis, et on remarque
quelquefois des anomalies inexplicables dans le
choix d'un même arrondissement; on peut ajou-
ter à ces chances naturelles celles qui résultent
des transactions que l'on a vu faire récemment
encore entre gens de partis différens pour se faire
élire députés. L'échange réciproque des voix ac-
quises sera de facile exécution dans un degré où
l'on ne fait pas encore de véritables députés, et
où les politesses seront d'autant plus admises,
qu'elles peuvent multiplier pour chacun les
chances de succès.

Il y a donc certitude que le grand collége ne
sera pas contraint dans son action; que dans le
plus grand nombre, si ce n'est dans tous les départemens, il aura à choisir des candidats d'une
et d'autre espèce, et qu'ainsi, au lieu de procéder
par exclusion, il obéira sans réserve à l'esprit qui
animera la majorité de ses membres. Or, si d'une
part le collége d'en haut se compose des hommes

les plus influens et les plus passionnés, que d'un autre le mélange des candidats leur laisse la latitude désirable pour suivre leur penchant, je prie tout homme de bonne foi de me dire comment et par quel esprit la chambre se trouvera composée. Croira-t-on, ainsi que paraissent s'en flatter les auteurs du projet, que les électeurs, bien convaincus du mérite de leur opinion, renieront à ce point l'honneur de leur parti, qu'ils aillent choisir parmi leurs amis ceux qui ont le moins de talens ou de renommée? A-t-on jamais vu les partis travailler à s'amoindrir, et confier leurs intérêts à des hommes en arrière de leurs intentions? On peut supposer que si le côté droit de la chambre avait mission pour épurer le côté gauche, et qu'il eût à choisir entre M. B. C. et M. P. D., il préférerait le second; mais s'il devait faire la même opération sur lui-même, il garderait plutôt M. de V. que M. de L. Jamais la puissance des lois ne sera telle qu'elle puisse porter les hommes à agir contre leurs intérêts.

C'est une vérité de tous les temps, et qui trouve son application dans toutes les circonstances, que les masses tendent à se recruter, et qu'elles n'agissent en sens inverse que lorsque la nature des choses les y force absolument. Le grand collége suivra cette loi, en dépit de tous les contre-poids qu'on veut lui opposer; si les ultrà-royalistes y dominent, il choisira parmi les candidats des colléges inférieurs ceux qui appartiennent à la même opinion. Lorsque la richesse commerciale ou manufacturière aura la prépondérance, ainsi que cela arrivera dans les grandes villes et dans un certain nombre de départemens, il se formera un côté gauche, qui fera l'élection dans le sens qui lui est propre. Dans tous les cas, l'opinion intermédiaire y sera la plus faiblement représentée ; et au lieu de fournir des députés qui soient les honorables organes de la modération, elle ne se recrutera plus par elle-même ; le centre de la chambre se composera d'hommes que les colléges supérieurs choisiront, lorsque les présentations des candidats seront totalement faites dans un esprit différent du leur. Cette opinion conservatrice, à laquelle la France doit les meilleurs momens qu'elle ait passés depuis la restauration, au lieu d'être soutenue en vertu de son propre mérite, deviendra le pis-aller auquel se trouveront réduits les partis extrêmes ; ce cas se présentera rarement, avons-nous dit, mais enfin il arrivera dans de certains lieux ; et tout ce qu'on peut conclure de sa rareté, c'est qu'en même temps que le centre sera peu nombreux, il se composera de manière à lui ôter toute l'influence qu'il doit avoir. L'un y trouvera sa place, parce qu'entre les candidats libéraux il était celui qui, selon toute apparence, ne pourra monter à la tribune ; un autre, parce que ses habitudes l'éloignent des affaires publiques ; un troisième, parce que son obscurité lui épargne l'embarras de professer une opinion. On sera député du centre, non parce qu'on sera le plus digne d'être élu, mais parce qu'on était le moins indigne de ceux qui étaient présentés.

Ainsi disparaîtra pour toujours, soit en nombre, soit en considération, cette portion de l'assemblée dont le bon esprit et la sagesse ont rassuré la France pendant quatre années; c'est par sa puissante intervention que le pouvoir, dont deux factions rivales ont essayé en vain de se saisir, est resté jusqu'ici dans des mains qui ambitionnaient du moins le mérite de l'impartialité. La défiance s'est emparée de tous les esprits, le jour où le ministère a semblé abandonner la marche que l'attitude menaçante des factions le portait à suivre depuis quatre ans. Il est peut-être commode en théorie de ne reconnaître que deux partis, et de confondre les intérêts du gouvernement avec ceux de l'un d'eux; en fait, l'aveu d'un pareil système compromet à la fois le trône et la liberté; si les élections se font dans le système de la loi proposée, nul doute que la scission à laquelle on s'est déjà essayé ne se consomme radicalement. Heureux sont ceux qui savent auquel des partis ils doivent souhaiter la victoire! Tout ce que je sais pour ma part, c'est que, de quel côté qu'elle se range, elle amènera l'oppression. C'est au patriotisme de ceux qui nous en ont préservé jusqu'ici que j'en appelle aujourd'hui pour m'en garantir encore; c'est à eux que je parle, non pour exciter des prétentions qu'ils sacrifieraient mille fois en faveur du bien public, mais pour qu'ils réfléchissent aux dangers qui nous entourent, et aux suites qui peuvent résulter pour le pays de l'anéantissement définitif des principes qu'ils professent. Je n'ai pas à leur demander si ce sont eux qui seront réélus en vertu de la loi nouvelle, je me borne à les interpeller sur une question bien autrement grave ; celle de savoir *s'il y aura un centre à la première session ?* S'ils croient que la France puisse éviter une révolution nouvelle avec une majorité à la façon de 1815, ou avec une majorité de gauche, je n'ai rien à répliquer; si, comme je le pense, ils sont convaincus du contraire, ils regarderont à deux fois avant de voter.

Au surplus, et c'est par cette remarque que nous terminerons ces réflexions, nous ne venons pas émettre ici des suppositions qui n'aient d'autre fondement qu'un examen théorique du projet de loi ; nous ignorons si le ministère, appliquant ses doctrines sur les listes d'un certain nombre de colléges, se prépare à prouver par des noms propres que son procédé est d'une bonté infaillible : mais ce que nous pouvons dire avec une entière certitude, c'est que, dans un département voisin de la capitale où les élections ont, depuis trente ans, porté lecaractère de la modération et de la sagesse, dans un département que les ultras et les libéraux honorent également de leur dédain, on est parvenu à créer, par la composition du grand collége, un côté gauche et un côté droit puissans et passionnés, et un centre imperceptible, qui n'aura rien à faire si ce n'est de suivre l'impulsion de l'un de ces deux partis. Ces résultats, dont nous garantissons l'authenticité, démontrent, jusqu'à preuve contraire, que là où les opinions extrêmes n'ont jamais triomphé, elles vont trouver enfin les moyens de se satisfaire. Nous persistons à croire que ce ne sera pas à moitié qu'on profitera de la victoire ; le temps des concessions est passé ; aujourd'hui on joue, comme on dit, cartes sur table, et on sait de part et d'autre que les temporisations ne sont bonnes à rien : les intérêts se croisent et se blessent de telle sorte, que l'attaque et la défense se confondent à chaque instant. Si le gouvernement a cru les apaiser en réunissant les hommes les plus pacifiques de la France dans ses grands colléges, nous osons lui répondre que son erreur est complète, et qu'ils ne tarderont pas à le lui prouver à ses propres dépens.

Il se peut que ces observations soient faites à la tribune, mais il se peut aussi qu'elles ne le soient pas. Les esprits sont parvenus à un tel degré d'incandescence, que les reproches doivent se trouver plus facilement que les raisons : on a tant de choses à dire, qu'on oublie quelquefois ce qui est le plus important. Faire discuter à des députés une loi qui doit être l'ostracisme des uns et le triomphe des autres, est une nécessité de la nature de notre gouvernement ; mais c'est exposer sans doute les esprits les plus lucides à ne plus voir les choses qu'à travers un prisme trompeur. Comment en effet conserver son jugement dans une matière qui électrise en quelque sorte nos plus chers intérêts personnels ? Comment discuter de sang-froid, si on est pour le pays, un objet d'effroi ou de sécurité ? C'est exiger de la nature humaine une qualité qu'elle ne comporte pas, que de la contraindre à une aussi complète abnégation d'elle-même. Il ne faut donc pas s'étonner si quelques hommes désintéressés, quant à leur ambition, dans la question qui s'agite, viennent mêler leur voix à celles qui vont se faire entendre, le plus grand nombre ne se montrera pas disposé à les écouter; mais s'il est encore quelques consciences timorées qui n'aient pas renoncé à peser tous les avis, c'est à elles que nous adressons ces observations.

FIN.

IMPRIMERIE DE FAIN, PLACE DE L'ODÉON.